Johann Alois Joseph Freiherr von Huegel

**Rechtliches Gutachten**

Die Übergabe der Festung Mannheim an den Reichsfeind betreffend

Johann Alois Joseph Freiherr von Huegel

**Rechtliches Gutachten**
*Die Übergabe der Festung Mannheim an den Reichsfeind betreffend*

ISBN/EAN: 9783743439610

Hergestellt in Europa, USA, Kanada, Australien, Japan

Cover: Foto ©ninafisch / pixelio.de

Manufactured and distributed by brebook publishing software (www.brebook.com)

Johann Alois Joseph Freiherr von Huegel

**Rechtliches Gutachten**

# Rechtliches Gutachten
die
## Uebergabe der Festung Mannheim
an
## den Reichsfeind
betreffend.

---

Den Göttingenschen Professoren

## Herrn geheimen Justizrathe Pütter
und
## Herrn Hofrathe von Martens,
zu öffentlicher Prüfung gewidmet
von
## Karl Grafen von Strengschwerd.

---

Regensburg den 21 October 1795.

# Inhalt

### 1.

Kapitulation, wodurch die Festung Mannheim in den Besitz des Reichsfeinds gekommen ist. - Seite 5

### 2.

Beurtheilung dieser Kapitulation. 15

### 3.

Verzeichnis der Kriegsvorräthe, welche die Franzosen in Mannheim gefunden haben. 32

### 4.

Erklärung, welche die Kurpfalzbaierische Komitialgesandschaft in Circulo bey dem Reichsrathe, den 26 Sept. 1795 wegen der Uebergabe von Mannheim abgegeben hat. - - 34

5.

Beurtheilung dieser Erklärung  Seite 36

6.

Gegenerklärung der Königlichen Kurböhmischen Komitialgesandschaft in Circulo bey dem Reichsrathe den 12 Oct. 1795.  45

7.

Bemerkungen über diese Gegenerklärung.  49

8.

Auszug aus dem offiziellen Tagebuche der Operationen der Armee, unter den Befehlen des Herrn Grafen von Clerfait.  53

9.

Rechtliches Gutachten die Uebergabe von Mannheim betreffend.  -  59

# Kapitulation vom 20 September 1795, wodurch die Feſtung Mannheim in den Beſitz des Reichsfeinds gekommen iſt.

(Nach einem, den Franzöſiſchen öffentlichen Blättern eingerükten Berichte.)

Paris den 28 September.

Am 25 September wurden dem Nationalkonvente der Bericht wegen der Eroberung Mannheims, und die Kapitulation, wodurch ſie bewirkt iſt, vorgelegt. Dieſe Kapitulation iſt zwiſchen dem Kurpfälziſchen Staatsminiſter Grafen von Oberndorf, dem Gouverneur Baron von Belderbuſch, und dem Feſtungskommandanten Duroi an einem, und dem Oberbefehlshaber der Franzöſiſchen Armee am Rhein und an der Moſel, Pichegrü am andern Theile geſchloſſen, und iſt folgenden Inhalts:

Artikel I. Die Feſtung Mannheim öfnet ihre Thore den Truppen der Franzöſiſchen Republik, morgen frühe um zehn Uhr. Die Brükke wird auf der Stelle wieder hergestellt, und alle äussere Posten und Aussenwerke werden den Französischen Truppen zur Bewachung übergeben.

Antwort. Die Zeit von zehn Stunden ist zu kurz: die äussere Werke werden erst heute um vier Uhr den Französischen Truppen zum besezzen übergeben, mit der Bemerkung, dass die Französischen Truppen für die Wiederherstellung der Brükke zu sorgen haben, zu welchem Ende man alle Pontons, die bey dem Eingange nicht gelitten haben, abgeben wird.

Artikel 2. Es follen von beyden Seiten Commiſſäre ernannt werden, um die Beſchaffenheit der Arſenäle und den Kriegsvorrath der Feſtung aufzuſchreiben, die in dem nemlichen Zuſtande nach dem allgemeinen und endlichen Frieden zurük gegeben werden ſoll.

Antwort. Einverſtanden, mit der Einſchränkung, daſs die Magazine der Lebensmittel und Fourage, der Geräthſchaften und anderer militairiſcher Effekten, ſo wie auch die Magazine, die ſich in den benachbarten Orten befinden, und Sr. Kurfürſtlichen Durchlaucht gehören, gleichfalls in dieſem

Artikel begriffen find; man verläst sich in diesem Punkte auf die Rechtschaffenheit der Französischen Nation.

**Artikel 3.** Es soll allen Magistratspersonen und Beamten Sr. Kurfürstlichen Durchlaucht, so wie dem Herzoge von Zweibrük und den in Civildiensten bey ihm stehenden Personen freystehen, in der Stadt zu bleiben, oder abzuziehen, wie es ihnen gut

**Antwort.** Zugestanden.

**Artikel 4.** Die gegenwärtige Garnison zieht vier und zwanzig Stunden nach dem Datum dieser Kapitulation mit Waffen und Gepäkken und Kriegsehren aus, um sich dahin zu begeben, wohin sie will. Diejenige pfälzische Soldaten, welche ihre Chefs nach dem linken Rheinufer beurlauben wollen, erhalten Päſſe von dem französischen Generalſtaabe.

den 20 September 1795.

Antwort. Die gegenwärtige Garniſon zieht vier und zwanzig Stunden nach dem Datum dieſer Kapitulation ab, und begiebt ſich in die Kurfürſtlichen Lande. Man erſucht indeſſen zu bewilligen, 1) daſs jedes Bataillon zwey Sechspfünder mitnehmen dürfe, 2) daſs den Kranken, die nicht mit der Garnison abziehen können, erlaubt werde zu bleiben, und daſs ſie in den Kurfürſtlichen Spitälern verpflegt werden, von den Vorgeſezten, die man daſelbſt laſſen wird. Es ſollen die nöthigen Wägen zum Transport des Gepäks der Offiziere angeſchaft werden; und im Fall, daſs nicht eine hinlängliche Zahl von Wägen angeſchaft werden könnte, ſollen die zurückgelaſſenen Effecten nach und nach mit Bequemlichkeit transportirt werden, zu welchem Ende von jedem Corps ein Kriegsagent zurückbleiben ſoll, um dafür zu borgen.

Zuſtzartikel.

1) Die pfälziſchen Truppen, die ſich im Lande befinden, ſind gleichfalls in gegenwärtiger Kapitulation begriffen, und ſollen von den franzöſiſchen Truppen nicht feindlich behandelt und nicht zu Kriegsgefangenen gemacht werden können.

Antwort. Zugeſtanden, mit der Bedingung, daſs ſie unter keinerley Umſtänden dem Märſche der franzöſiſchen Truppen ein Hinderniſs in den Weg legen, ſondern ſich überall zurückziehen, ſo wie die franzöſiſchen Truppen anrükken.

2) Die Pfalz, ſo wie die Herzogthümer Jülich

verrichtungen und in der Besorgung der Landesangelegenheiten fort, wie bisher.

Zugestanden für alle, die von Sr. Kurfürstlichen Durchlaucht abhängen.

4) Die Einwohner sollen in der freyen Ausübung der verschiedenen Gottesdienste nicht beunruhigt werden.

Zugestanden.

5) Die Kriegsgefangenen, die während des Kriegs gemacht worden sind, sollen zurükgegeben werden.

Mannheim den 21 Sept. 1795.

Zugestanden.

unterzeichnet wie oben.

unterzeichnet

General en Chef, Pichegru.

Graf von Oberndorf, Staatsminister.
Baron von Belderbusch, Gouverneur.
Duroi, Kommandant.

## Beurtheilung vorstehender Kapitulation.

### Allgemeine Grundsäzze.

Sobald ein Reichskrieg ist, müssen alle Kriegsunternehmungen von einem einzigen Willen, von dem des Oberbefehlshabers der kriegführenden Macht abhängen, der seine Operationsplane nach den Instruktionen, oder auf Vollmacht des Souverains entwirft.

Nach der Natur eines Krieges, dessen geschikte Führung die Verbergung sowohl des ganzen allgemeinen Operationsplans, als auch einzeler in demselben begriffener Unternehmungen für den Feind, nothwendig erfordert, darf der allgemeine Operationsplan niemandem, als dem obersten Kriegsbefehlshaber wissend seyn.

Alle andere Unterbefehlshaber vom höchsten bis zum niedrigsten Range haben bey diesem Operationsplane nur denn mitzureden, wenn der oberste Befehlshaber sie zu fragen gutfindet; ihre Geschiklichkeit, ihr ganzer Wille muss dem absoluten Willen des Oberbefehlshabers untergeordnet seyn; Gehorsam, pünktlichster Gehorsam gegen die Befehle des Oberbefehlshabers ist ihre erste Pflicht; Geschiklichkeit, Eifer, Thätigkeit in Ausführung dieser Befehle ihr größtes Verdienst.

Diese Regeln gelten eben so sehr von Officieren in offenem Felde, als von Festungskommandanten. Festungen machen den Schutz der operirenden Heere bald in der Fronte bald in den Flanken aus, und so gar wenn sie schon von den Heeren ihres Besizzers abgeschnitten sind, müssen sie noch den Feind aufhalten, sich deshalb bis zum letzten Lote Nahrung, und bis auf den letzten Blutstropfen vertheidigen, und dabey standhaft die Entsezzung durch ihre Mitbrüder abwarten.

Ein Festungskommandant hat also gar keine Befugnis, so lange er noch irgend Kommunication mit dem Oberbefehlshaber haben kann, eigenmächtig und wider die Befehle des Oberbefehlshabers über die Festung zu disponiren, und der Kommandant, der das dennoch thut, ist ein Verräther, oder ein Feiger, dem die Kugel vor den Kopf gehört.

In einem teutschen Reichskriege, wo die das Reichsheer ausmachenden Truppen, verschiedenen kleinen Souverains angehören, die im Friedensſtande ſämtlich unabhängig über ihre Truppen befehlen, frägt es ſich: ob ein Reichsſtand ſeinem zur Reichsarmee gehörigem Truppenkontingente Befehle zu ertheilen befugt iſt, und ob er über die in ſeinen Reichslanden belegenen Feſtungen, welche der Oberbefehlshaber des Reichskrieges zur Vertheidigung des Reichs bedarf, ohne Wiſſen und Genehmigung des Oberkriegsbefehlshabers verfügen kann? Beyde Fragen müſſen unbedenklich verneinet werden.

1. Ein teutſcher Reichsſtand kann über ſein Truppenkontingent bey der Reichsarmee gar nicht verfügen, ſo lange der Reichskrieg dauert.

Er kann es von Zeit zu Zeit durch ein anderes Kontingent erſezzen; von dieſer Beſtimmung iſt hier nicht die Rede.

Er hat aber gar keine Befugnis über die Stellung, Verwendung, und Thätigkeit ſeines Kontingents zu befehlen, ſo lange der Krieg dauert. Alle dieſe Anordnungen gebühren ausſchlieslich und unbedingt (abſolute) dem Oberkriegsbefehlshaber. Dies iſt der Sinn unſers Sazzes.

Der Grund dieſer Regel liegt darinn, daſs kein Krieg geführt werden kann, wenn ein an-

6. So gar wenn ein Landesherr in feinem Widerfpruche gegen den Oberreichsfeldherrn glauben follte, dafs der Gegenftand des Widerfpruchs auffer den Kriegszwekken liege, mufs er dennoch dem Oberfeldherrn unweigerlich gehorchen, und feine Befchwerde an den Souverain bringen, der diefem Oberfeldherrn den Oberbefehl anvertraut hat, und dem allein der Oberfeldherr verantwortlich ift.

7. Der Oberreichsfeldherr ift unbedenklich befugt, jeden teutfchen Einwohner, er fey wes Ranges er wolle, der feinen Befehlen zuwider handelt, felbft wenn er fich durch Befehle feines fonftigen Landesherrn entfchuldigen wollte, vor ein Kriegsrecht zu ziehen, und da ohne Rükficht auf landesherrliche, während eines Reichskrieges gänzlich fufpendirte Befehle, nach Kriegsgefezzen ftrafen zu laffen.

Denn da während des Krieges der Wille des Oberreichsfeldherrn, auf dem Kriegsfchauplazze der höchfte ift, fo mufs er auch, um wirkfam zu bleiben, gegen die widerfezlichen Strafgewalt haben.

8. Was nun infonderheit Feftungen betrift, die zur Reichsvertheidigung gebraucht werden,

so paſſen vorstehende Grundſäzze noch ſtrenger auf ſie, als auf andere reichsſtändiſche Beſizzungen, weil auf ſie die Vertheidigung des Reichs und die Leitung der Kriegsoperationen ganz vorzüglich beruhet.

9. Der Kommandant einer ſolchen Feſtung ſtehet während des Krieges lediglich unter dem Oberreichsfeldherrn, und iſt nicht einſt befugt ſeinem Landesherrn die ihm werdende Befehle dieſes Oberfeldherrn mitzutheilen, ſondern er muſs lediglich dem Oberfeldherrn überlaſſen, ob und was dieſer dem Landesherrn des Kommandanten von den Kriegsdiſpoſitionen wiſſend machen will. Dieſe Regel flieſt daraus, daſs der Reichskrieg nicht ein Krieg eines einzelen Reichsſtandes, ſondern der des geſammten Reiches iſt.

10. Der Kommandant, der dieſem zuwider handelt, kann vom Reichsfeldherrn, ohne Anfrage beym Landesherrn des Kommandanten, und von dieſem unabhängig militairiſch geſtraft werden.

11. Der Kommandant einer Feſtung die auf dem Schauplazze des Reichskrieges lieget, muſs ſobald die Feſtung die er kommandirt zur Reichsvertheidigung nöthig iſt, ſeine Beſtätigung aus-

drüklich, oder ftillfchweigend vom Oberbefehls-haber des Reichskrieges erhalten.

12. Gehört der Kommandant zum Kriegskontingente feines Landesherrn, fo ift er fo fchon durch Befehl des Oberbefehlshabers Kommandant geworden.

13. Gehört er aber nicht zu feines Landesherrn Truppenkontingente, fo ift er als ein überzähliges Kontingent anzufehen, das der Oberbefehlshaber während des Krieges, wie das gefezzlich fchuldige behandelt.

14. Der Reichsftand, der folche Feftung befizt, hat keine Verbindlichkeit felbige durch eigene Truppen zu vertheidigen, fondern er kann diefe Vertheidigung dem Oberreichskriegesbefehlshaber überlaffen.

15. Der Oberbefehlshaber des Reichskriegs hat keine Verpflichtung zu erlauben, dafs eigene zum Kontingente nicht gehörige Truppen des Landesherrn einer Feftung fie vertheidigen. Vielmehr müffen diefe Truppen, fo bald der Oberbefehlshaber des Reichskrieges es befiehlt, fich herausziehen und denen Platz machen, denen der Oberbefehlshaber die Vertheidigung der Feftung anvertrauen will.

16. Läst der Landesherr in seiner Festung Truppen die nicht zu seinem Kontingente gehören zurük, und der Oberbefehlshaber des Reichskrieges vertraut ihnen die Vertheidigung der Festung an, oder genehmigt die von ihrem Landesherrn geschehene Anvertrauung, so sind die außerordentlichen Kosten, welche dem Landesherrn die Vertheidigung dieser Festung macht, ihm von seinen Mitständen pro rata zu vergüten, denn er trägt diese Kosten nicht in einem Privatinteresse seines Staats, sondern in einer allgemeinen teutschen Nationalangelegenheit. Er hat keinen Privatkrieg. Das Reich hat einen Nationalkrieg. Der Feind der die Festung bedrohet, thut es als Nationalfeind.

## Anwendung dieser Grundsäzze auf die vorliegende Kapitulation von Mannheim.

### I. Einmischung des kurpfälzischen Ministers Herrn Grafen von Oberndorf.

1. Der kurpfälzische Staatsminister Herr Graf von Oberndorf, der sich herausgenommen hat, sich in diese Kapitulation zu mischen, hat dazu

von Seiner Excellenz dem Herrn Grafen von Clerfait keine Autorisation gehabt; er hat es also unbefugter Weise gethan. Ein Befehl Seiner Durchlaucht des Herrn Kurfürsten von der Pfalz konnte ihn zu dieser Einmischung nicht berechtigen. Denn Seine Durchlaucht hatten, da hier Mannheim gebraucht ward, dem Feinde den Uebergang über den Rhein zu erschweren, keine Disposition mehr über die Vertheidigung oder Uebergabe Mannheims. Diese hiengen wie alles, was zur Polizey von Mannheim gehörte, vom Herrn Grafen von Clerfait und von denen von ihm ernannten oder genehmigten Unterbefehlshabern ab. Denn Mannheim war im Kriegsstande.

2. Der Gouverneur Herr Baron von Belderbusch und der Kommandant Herr Duroi hätten also gar keine Einmischung des Herrn von Oberndorf in diese Kriegsangelegenheit, die lediglich vor dem Herrn Grafen von Clerfait ressortirte, gestatten sollen.

3. Der Herr Graf von Oberndorf hat sich durch seine unbefugte Einmischung in diese Kriegsangelegenheit den Kriegsgesezzen unterworfen.

4. Eben dadurch, dafs er sich in einer im Kriegsstande befindlichen Festung aufhielt, war

er schon den Kriegsgesezzen, wie jeder andere Bewohner der Festung unterworfen.

5. Als unter die Kriegsgesezze gehörig, stand er unter den Befehlen der Herren von Belderbusch und Duroi.

6. Er stand in leztem Ressort unter dem höchsten Befehle des Herrn Grafen von Clerfait.

7. Seine Excellenz der Herr Graf von Clerfait sind also unbedenklich befugt, falls sie die Uebergabe misbilligen, den Herrn Grafen von Oberndorf, wo sie ihn finden in Verhaft nehmen, und nach Kriegsgesezzen, wegen seiner Mitwirkung an der Uebergabe von Mannheim richten zu lassen.

II. Benehmen des Herrn Gouverneurs Baron von Belderbusch und des Festungskommandanten Herrn Duroi.

1. Diese Herren musten einsehen, dass sie die Festung Mannheim nicht als eine Kurpfälzische Stadt, gegen einen Feind ihres Kurfürsten in einem Kriege dieses Fürsten, sondern dass sie selbige als eine teutsche Stadt in einem Reichskriege gegen den Reichsfeind zu vertheidigen hatten.

2. Sie muſten einſehen, daſs ſie in der Vertheidigung dieſes Plazzes nicht des Herrn Kurfürſten Durchlaucht, ſondern dem geſammten teutſchen Reiche und deſſen Souverain verantwortlich waren.

3. Sie muſten einſehen, daſs ſie in allem, was die Vertheidigung dieſes Plazzes gegen den Reichsfeind betraf, unter dem höchſten und alleinigen Befehle des Herrn Grafen von Clerfait Excellenz ſtanden.

4. Beſorgten ſie, daſs ihre in Friedenszeiten ſtattfindende Unterthänigkeitspflichten gegen ihren Landesherrn den durchlauchtigſten Herrn Kurfürſten von der Pfalz, und ihre fortdaurende rechtmäſſige Anhänglichheit an dieſen ihren Herrn, in Kolliſion kommen könnten mit den Pflichten, die ihnen in Abſicht der Vertheidigung Mannheims oblagen, und welche Pflichten gegen ihren höhern allgemeinen teutſchen Souverain waren; ſo muſten ſie ſolches ihrem Kurfürſten getreulich einberichten; ihm vorſtellen, daſs die Vertheidigung einer teutſchen Stadt in einem Reichskriege ihnen unmöglich mache, andere als die höchſten Befehle des Oberbefehlshabers des Reichskrieges zu reſpektiren; und daſs ſie, wenn dieſer Grundſaz irgend Seiner

Kurfürstlichen Durchlaucht bedenklich scheinen, mögte, lieber um ihre Abrufung aus Mannheim, bitten müſten,

Die Herren, um eben so gegen ihren höchſten Souverain völlig offen und redlich zu handeln, muſten ihre Bedenklichkeit gleichfalls Sr. Exzellenz, dem Herrn Grafen von Clerfait einberichten, und ſeiner Weisheit überlaſſen, ob er fernerhin ihnen die Vertheidigung Mannheims anzuvertrauen gutfinden werde, und was er alsdann wegen ihrer Entbindung von allen Kurfürſtlichen Befehlen während der Zeit, daſs Mannheim im Kriegsſtande ſeyn werde, zu erlaſſen belieben wolle.

5. Thaten die Herren das nicht, und blieben in Mannheim, und behielten da das Kommando, so unterwarfen ſie ſich ſtillſchweigend den Pflichten der teutſchen Befehlshaber teutſcher Feſtungen während eines Reichskrieges; ſie unterwarfen ſich der ausſchlieslichen Verantwortlichkeit gegen den höchſten Souverain des geſammten Teutſchlands.

6. Mannheim war geſtändlich nicht von der Reichsarmee abgeſchnitten. Die Herren konnten es alſo dem Feinde nicht ohne Anfrage bey dem Oberbefehlshaber des Krieges übergeben.

7. Da fie diefe Anfrage nicht erlaffen, da fie keine Erlaubnis des Herrn Grafen von Clerfait zur Uebergabe aufzuweifen haben, fo haben fie fich dem Reiche dadurch verantwortlich gemacht.

8. Die Entfcheidung über fie und ihr Betragen in der Vertheidigung Mannheims, die Billigung oder Beftrafung ihrer Kapitulation gehört für ein von Sr. Exzellenz dem Herrn Grafen von Clerfait niederzufezzendes Kriegsrecht.

### III. Ueber die Kapitulation felbft.

Die Kapitulation hat vier Theile: die franzöfifcher Seits vorgefchlagenen Kapitulationspunkte; die Antwort der Feftungsbefehlshaber auf diefe Punkte; die von diefen Befehlshabern zu den franzöfifchen Kapitulations Vorfchlägen gemachte Zufazartikel; und die franzöfifche Erklärung auf diefe Zufazartikel.

In den franzöfifchen Artikeln fällt in dem erften auf, dafs die Franzofen weder Brükken noch Pontons hatten über den Rhein zu kommen, und fich felbige durch diefen erften Artikel von den pfälzifchen Befehlshabern erft verfchaffen muften. Diefer Umftand verdient eine befondere Aufmerkfamkeit des Kriegsrechts über die pfälzifchen Befehlshaber.

Im zweyten Artikel ift abgemacht, dafs von den Arfenälen und Kriegsvorräthen der Feftung Inventare aufgenommen werden follen, um fich beym allgemeinen Frieden zu überzeugen, dafs die Feftung in dem nämlichen Zuftande von den Franzofen wieder abgegeben werde, wie fie von ihnen übernommen worden.

Diefer Artikel ift ein thörigter Artikel. Die Herren Kapitulanten konnten vorher begreifen, dafs der Oberbefehlshaber des Reichskrieges einen zu Vertheidigung des Reichs fo wichtigen Ort als Mannheim, nicht in den Händen des Feindes laffen würde, dafs alfo die Uebergabe Mannheims an den Reichsfeind, eine Belagerung Mannheims durch die Vertheidiger des Reichs nach fich ziehen müffe. Wenn diefe Belagerung erfolgen, wenn Mannheim wieder erobert werden wird, ift natürlich alles, womit die Franzofen fich im Befizze Mannheims vertheidigt haben werden, eine Beute der Sieger, und das von pfälzifchen Truppen verlaffene Mannheim eine Eroberung des gefammten teutfchen Reichs. Wie werden es denn die Herren Kapitulanten machen, diefen Artikel wegen Wiedergabe aller vorgefundenen Kriegsvorräthe von den Franzosen erfüllt zu bekommen? Die Weisheit des Herrn von Oberndorf wird hier in grosse Verlegenheit kommen.

Allein die äusserste Thorheit dieses Artikels abgerechnet, so enthält er einen andern Umstand, der den Herren Kapitulanten äusserst schwer fallen kann. Aus den Inventarien die hier stipulirt sind, welche zeitig genug dem Oberbefehlshaber des Reichskrieges in die Hände fallen werden, deren Zuverläſsigkeit strenge wird untersucht werden, muſs sich künftig klar ergeben: ob Mannheim aus Gründen der Noth, die mit Grundsäzzen der Ehre vereinbarlich sind, oder aus Verrath gegen Deutschland und aus Feigheit, dem Reichsfeinde übergeben ist?

Von den Zusazartikeln ist der erste ein schändlicher entehrender Artikel. Die pfälzischen Truppen sollen überall laufen, wo sich der Reichsfeind wird sehen lassen. O Teutsche! so tief seyd ihr gesunken, daſs ihr nicht mehr zu fühlen Kraft habt, daſs es mehr Ehre sey der grossen einigen teutschen Nation, als den kleinen Völkern von Pfälzern, Hessen, Hannoveranern und so weiter anzugehören. Pfälzer versprechen, sie versprechen, ja fie verfprechen vor dem Reichsfeinde zu laufen! Diefe Schande der Pfälzer wird nicht untergehen wie die Schande der Römer bey den Caudinifchen Päffen.

Der zweyte Zufazartikel ift fo lächerlich, als der bekannte Brief den der preuffifche Minifter Herr von Hardenberg den 11. Julius diefes Jahres an den franzöfifchen General Pichegrü fchrieb. Hardenberg fchrieb: Ich reife nach Bafel fürs deutfche Reich in corpore das Friedensgefchäfte zu eröffnen, halten fie doch ohne Befehl ihrer Obern gleich mit dem Kriege ein! Herr von Oberndorf fagt hier im zweyten Zufazartikel eben fo lächerlich zum Herrn Pichegrü: laffen fie uns diefe Kapitulation auf die Operationen der Jourdanfchen von ihren Befehlen unabhängigen Armee mit richten!

Verzeichnis der Kriegsvorräthe, welche die Franzosen in Mannheim gefunden haben.

(Aus französischen öffentlichen Blättern genommen.)

154 Belagerungsstücke.
107 Feldstücke.
130 Mörser.
80 Haubizzen.
345,600 Pfund Pulver.
691,309 Flintensteine.
122,502 Kugeln.
5,360 Bomben.
2,740 Haubizgranaten.
43,000 Granaten.
140,542 Kugeln von geschlagenem Eisen.
3,955 Scharfe Patronen.
174 Rüstungen.
700 Infanteriesäbel.

1,790 Kavalleriesäbel.

5,870 Patrontaschen mit Bandelieren.

2,085 Infanterie Gewehrgehänge.

800 Kavallerie Degengehänge.

300 Hellebarden.

\* \* \*

5,000 Zentner Roggenmehl.

25 Säkke Haber.

150 Zentner Heu.

**Erklärung, welche die Kurpfalzbaierirische Komitialgesandschaft in Circulo bey dem Reichsrathe den 29 September 1795 wegen der Uebergabe von Mannheim abgegeben hat.**

Regensburg, den 29. September.

Von Ihro Kurfürstlichen Durchlaucht ist treugehorsamste Gesandschaft ausdrüklich angewiesen, dem versammleten Reiche die Anzeige zu machen, daſs, nachdem die Französischen Kriegsvölker auf das rechte Rheinufer vorgerükt wären, und dadurch die für die Stadt und Festung Mannheim im vorigen Jahre mit der Französischen Generalitet stipulirte Aussezzung der Feindseligkeiten und Beschiessung zu Ende gegangen sey; man sich in die Nothwendigkeit versezt gesehen habe, den wiederholten Aufforderungen des Französischen kommandirenden Generals, welche mit einer leicht auszuführenden Bedrohung eines Bombardements begleitet waren, nachzugeben, und durch Ueberlassung der Stadt und Festung Mannheim unter einer honorablen Kapitulation den gänzlichen Ruin derselben und sämmtlicher dießeitiger Kurfürstlichen Lande abzuwenden, da derselbe auf irgend eine andere Art um so weniger zu vermeiden gewesen, als der ungehinderte Uebergang der Französischen Völker über den Rhein unterhalb Mannheim, der Abzug der in der Nähe gewesenen Kaiserlichen und Reichstruppen, und der Auszug der Kaiserlichen Artillerie aus der Festung Mannheim keine hinlängliche Vertheidigungsmittel übrig gelassen haben. — Man wiederhole daher die am 18 dieses zu Protokoll gegebene Aeußerung wegen schleunigster Beförderung des Friedens um so dringender, als die Gefahr mit jedem Tage zunimmt, und Ihro Kurfürstliche Durchlaucht bey diesem neuen Vorfalle kaum im Stande gewesen sind, für Höchst Dero Kurpfälzische Lande die einstweilige Einstellung der feindlichen Requisitionen und Verheerungen zu erhalten, welche Ihro Kaiserliche Majestet in Folge des allerunterthänigsten Reichsgutachtens vom dritten Julius vorläufig zu bewirken\*) allergnädigst zugesagt haben.

\*) Note. Es ward nicht versprochen, sie zu bewirken, nur sie vorzuschlagen. Mehr konnte auch nicht versprochen werden, denn die Bewilligung hieng vom Feinde ab.

## Beurtheilung vorstehender Kurpfälzischen Erklärung.

Die vorstehende Erklärung machet dem Reiche die Uebergabe der Festung Mannheim an den Reichsfeind bekannt, sie enthält die angeblichen Beweggründe dieser Uebergabe; und sie gründet auf selbige und die übrige Gefahr der Kurpfälzischen Lande ein Gesuch um Beschleunigung des Friedens.

Diese Erklärung ist erstlich beym Reichstage ganz inkompetent angebracht, und zweytens ist sie eine sehr unglükliche Entschuldigung der Uebergabe Mannheims.

Ich sage, sie gehörte gar nicht an den Reichstag, denn dieser erwartet die ihm vom Fortgange des Krieges nöthige Nachrichten, entweder von der Weisheit des Kaisers, dem in dieser höchsten Würde verfaßungsmäßig die alleinige Leitung des Krieges zukommt, oder vom Reichsoberfeldherrn; nicht aber von einzelen Reichsständen. Fand der Kurpfälzische Hof für gut das Betragen der Befehlshaber von Mannheim zu entschuldigen, so muste das beym Kaiser, oder beym Herrn Grafen von Clerfait geschehen.

Aber wenn wir diefen Fehler auch überfehen, fo ift die vorliegende Erklärung auch als Entfchuldigung betrachtet überaus ungefchikt abgefaſt, und ein überall verunglükter Auffaz.

Zuförderſt erwehnt ſie keiner mit dem Reichsoberfeldherrn wegen der Uebergabe Mannheims gefchehenen Rükfprache, fie geftehet alfo zu, dafs die Uebergabe ohne deffen Genehmigung, einfeitig von den Kurpfälzifchen Befehlshabern, mithin unbefugter und ordnungswidriger Weife gefchehen ift.

Die Erklärung entfchuldigt diefes pflichtwidrige Benemen durch keine Unmöglichkeit, worinn die Kurpfälzifchen Befehlshaber gewefen feyn möchten, mit dem Oberfeldherrn zu korrefpondiren. Sie gefteht alfo zu, dafs diefe Korrefpondenz möglich gewefen ift, und dafs fie dennoch unterblieben ift, mithin dafs das ordnungs- und pflichtwidriger Weife gefchehen ift.

Die Erklärung entfchuldigt die Uebergabe durch folgende Anführungen:

1. Dadurch, dafs die franzöfifchen Heere auf das rechte Rheinufer vorgerükt find, und dafs durch diefen Uebergang über den Rhein die im vori-

gen Jahre, in der Kapitulation wegen der Mannheim gegenüberliegenden Rheinſchanze, für die Stadt und Feſtung Mannheim ſtipulirte Ausſezzung der Feindſeligkeiten und der Beſchieſſung zu Ende gegangen ſey.

2. Daſs es nothwendig geweſen ſey, den wiederholten Aufforderungen des franzöſiſchen kommandirenden Generals, welche mit einer leicht auszuführenden Bedrohung eines Bombardements begleitet geweſen, nachzugeben.

3. Daſs man genöthigt geweſen, durch Ueberlaſſung der Stadt und Feſtung Mannheim unter einer honorablen Kapitulation, den gänzlichen Ruin dieſer Stadt und ſämmtlicher dieſſeitiger Kurfürſtlichen Länder abzuwenden.

4. Daſs dieſe Ueberlaſſung der Feſtung Mannheim auf keine andere Art um ſo weniger zu vermeiden geweſen ſey, als der ungehinderte Uebergang der franzöſiſchen Völker über den Rhein unterhalb Mannheim, der Abzug der Kaiſerlichen und Reichstruppen, und der Auszug der Kaiſerlichen Artillerie aus der Feſtung Mannheim keine hinlängliche Vertheidigungsmittel übrig gelaſſen hätten.

Alle diefe Anführungen zur Entfchuldigung der Uebergabe von Mannheim find fchon in fich nichtig und unzureichend. Wenn auch die im verwichenen Winter über die Mannheim gegenüberliegende Rheinfchanze gemachte Kapitulation die Franzofen nicht weiter hinderte, Mannheim zu befchieffen, was folgt wohl daraus zur Entfchuldigung der Uebergabe Mannheims an den Reichsfeind? Wenn hat je das Recht und die Gelegenheit, die ein Feind hat, eine Feftung zu befchieffen, Männern von Ehre einen Vorwand gegeben, eine Feftung zu übergeben? Feftungen find ja zur Vertheidigung gegen einen fie befchieffenden Feind gebaut.

Der zweyte Grund der Uebergabe, das angedrohete leicht ausführbare Bombardement konnte auch nur bey feigen Befehlshabern ein Grund der Uebergabe feyn.

Der dritte Grund ift von der unbedenklichen Wahl zwifchen einer honorablen Kapitulation und dem gänzlichen Ruin der Stadt Mannheim und der dieffeitigen Kurpfälzifchen Länder hergenommen. Darauf ift zu antworten, dafs eine Kapitulation, ehe noch ein Schus auf die Feftung gethan ift, nie ehrenvoll feyn kann, dafs eine Kapitulation, worin verfprochen ift, dafs alle pfälzifche Truppen für die Franzofen laufen follen, nichts weniger als honorable, dafs fie vielmehr äufferft fchimpflich ift.

Sodenn ward hier ein Reichskrieg geführt, in welchem es auf Teutfchlands Integritet und Verfaffung, und nicht auf Befreyung der Pfalz von den Drangfalen des Krieges ankommt. Es konnte alfo in diefer allgemeinen Nationalangelegenheit kein particulares Intereffe Rükficht verdienen. Sonft hätten auch Maynz und Ehrenbreitftein, Magdeburg und Spandau den Franzofen die Thore öfnen, und Kapitulationen von diefer honorablen Pfälzifchen Art, dem Ruine aller diefer Feftungen vorziehen müffen. Wenn man alfo hier kapitulirte, um Mannheim nicht ruiniren zu laffen, fo kapitulirte man aus einem fehr ungereimten Grunde, denn Feftungen müffen fich felbft dann noch vertheidigen, wenn der Ort, den fie befchüzzen, fchon in einen Schutthaufen verwandelt ift. Dazu werden fie erbaut.

Allein diefer Zwek Mannheims Ruin abzuwenden ward auch durch die Kapitulation gar nicht erreicht, vielmehr geradehin verhindert. Man konnte vorherfehen, dafs der Reichsoberfeldherr diefen wichtigen Plaz unmöglich in Feindeshänden laffen dürfe, dafs er alfo die Franzofen darin anzugreifen, und wenn fie ihn nicht gutwillig räumten, fie darin zu belagern verpflichtet fey. In diefer Belagerung ward alsdann Mannheim nicht von Freunden vertheidigt, denen die Schonung des Ortes, fo weit fie mit den Kriegszwekken vereinbarlich war, am Herzen lag; fondern von Feinden, denen diefer Ort, den fie nur während des Feldzuges diffeits des Rheins behaupten wollten, gleichgültig feyn mufs, und die ihn, fobald ihre Befiegung in diefem Orte fie in die ihnen eigene barbarifche Wuth verfezzen wird, nicht nur nicht fchonen, fondern felbft zerftören werden.

Der vierte angeführte Grund liegt darinn, dafs keine hinlängliche Vertheidigungsmittel vorhanden gewefen wären. Diefer Grund gehört zwar nicht zur Kompetenz eines Schriftftellers, fondern zur Kompetenz des Kriegsrechts, das die Herrn von Oberndorf, von Belderbufch und Duroi richten wird. Indeffen fällt doch auch das, was hier von fehlenden Vertheidigungsmitteln geredet wird, als übelausgedrükt auf. Zu den Vertheidigungsmitteln einer Feftung gehört Geschüz, Pulver, Eisen, Bley, Menschen und Lebensmittel von allen Arten. Hier heißt es, der ungehinderte Uebergang der Franzosen über den Rhein, habe Mannheim Vertheidigungsmittel entzogen. Die Franzosen giengen nicht unter Mannheim, sondern weit unter Maynz und Ehrenbreitstein über den Rhein, aber die tapfern Kommandanten dieser tiefer liegenden Festungen erschraken nicht davor. Es heißt weiter: der Abzug der Kaiserlichen und Reichstruppen habe Mannheim Vertheidigungsmittel entzogen. Um diese Entschuldigung passend zu machen, muste man anführen, daß die Macht, welche Mannheim angrif, stärker war, als die zur Vertheidigung vorhandene; es muste das in öffentlichen Blättern befindliche Gerücht, daß zur Zeit der Kapitulation nur siebenzig Franzosen vor Mannheim gewesen wären, widerlegt werden; es muste angeführt werden, wie viel Truppen zur Vertheidigung Mannheims nach Abzug der Kaiserlichen und Reichstruppen übrig geblieben waren; warum diese zurükgebliebene Truppen nicht hinreichend gewesen sind; und ob und wie dem Reichsoberfeldherrn davon Anzeige geschehen ist. Denn wenn auch nur drey Mann Besazzung in Mannheim waren, fo muften fie nicht ohne Erlaubnis des Reichsoberfeldherrn kapituliren. Es heift noch, der Auszug der Kaiferlichen Artillerie aus Mannheim habe Vertheidigungsmittel entzogen, allein das oben Seite 32 befindliche Verzeichnis der von den Franzofen in Mannheim vorgefundenen Vorräthe an Gefchüz und Munition beweifet, dafs gar kein Mangel weder an Kanonen aller Art, noch an Pulver und Kugeln gewefen ift, und womit vertheidigen die Franzofen jezt Mannheim gegen den Grafen Wurmfer, als mit derfelben Artillerie die fie in Mannheim vorgefunden haben? Und würde diefer kaiferliche Feldherr wohl dem jezzigen Französifchen Kommandanten ohne feiner zu fpotten, eine honorable Kapitulation vorfchlagen können, worinn verlangt würde, die Befazzung folle weiter laufen, fobald fie Oefterreicher fähe? Oder würde der jezige Französifche Kommandant von Mannheim, wohl je folch eine honorable Kapitulation unterzeichnen?

Alle diefe fo klare Gründe laffen kein Bedenken darüber, dafs die von der Kurpfälzifchen Komitialgefandfchaft abgegebene Vertheidigung der Uebergabe Mannheims völlig unzureichend und zwekwidrig gerathen ift. Eben fo inkonfequent wird am Ende dieser nichts entschuldigenden Entschuldigung auf Beschleunigung des allgemeinen Friedens angetragen. Frieden ist leicht gemacht, wenn das teutsche Reich mit solch einem Frieden zufrieden seyn will, als Karthago nach dem zweyten punischen Kriege mit Rom machte. Da aber das teutsche Reich mit Beystimmung Sr. Durchlaucht des Herrn Kurfürsten von der Pfalz beschlossen hat, einen anständigen, Teutschlands Integritet und Konstitution sichernden Frieden zu beabsichtigen, Frankreich dagegen so eben Dekrete gemacht hat, die dieser Absicht gerade entgegenstehen, und wodurch grosse Theile Teutschlands, der neuen auf einem stürmischen Meere schwimmenden Republik Frankreich einverleibt werden; so fällt in die Augen, daſs Frankreich und Teutschland in Absicht des Friedens noch weit von einander entfernt sind.

Es fällt ferner in die Augen, daſs jeder Fortschritt der Franzosen in Teutschland, sie in ihrem Vorhaben, Teutschland zu verkleinern, hartnäkkiger machen, mithin den Frieden entfernen mus. Wenn die Teutschen einen ehrenvollen Frieden haben wollen, müssen sie die Franzosen schlagen, und nicht für sie laufen. Mannheims Uebergabe hat also nothwendig den Frieden entfernt.

# Gegenerklärung der Königlichen Kurböhmischen Komitialgesandschaft in Circulo beym Reichsrathe, vom 12 Octob. 1795.

Auf die, von der Kurpfälzischen Gesandschaft unterm 29 Sept. zur Entschuldigung der schnellen Uebergabe der Stadt und Festung Mannheim an den Reichsfeind bey dem versammleten Reiche abgelegte Erklärung, ist treugehorsamste Gesandschaft allergnädigst angewiesen worden, sich vor der Hand (da der Beurtheilung der unpartheyischen Welt, der Hergang der Sache, und die dabey obgewalteten Umstände ohnehin nicht entgehen werden) auf folgende Gegenäusserung zu beschränken. Das wenige Geschüz, welches zu Kriegsoperationen von einer andern Seite aus Mannheim gezogen worden, sollte nach der von dem Kommandirenden alsobald getroffenen Verfügung durch einen andern hinreichenden Artillerietransport von der Armeereserve ersezt werden, und war schon auf dem Glacis vor der Festung angekommen, als von dem Kurpfälzischen Kommandanten dasselbe ganz entbehrlich erklärt wurde, weil das

Gouvernement mittlerweile aus seinem eigenen Vorrathe soviel Geschüz und Munition beygebracht hätte, als zur Vertheidigung der Festung erforderlich sey. Mit dieser Ursache des abgelehnten Wiederersazzes des abgegangenen wenigen Geschüzzes muste das Kaiserliche und Reichsgeneralkommando sich um so mehr beruhigen, da von dem Kurpfälzischen Hofe mehrmals und ernstlich versichert, und schriftlich angetragen worden, dafs, wenn die Kaiserl. Königl. Truppen mit ihrem Geschüz aus Mannheim abgezogen wären, die Festung von dem Feinde keinen Angriff zu besorgen hätte; eine Versicherung, welcher die seit vielen Monaten zwischen dem Kurpfälzischen Gouvernement, und den feindlichen Generälen bestandene stille Unterhandlungen alle Wahrscheinlichkeit beylegten. So auffallend es demnach ist, unter den Ursachen der Uebergabe der Festung diesen unschädlichen Abzug einiger Artilleriestükke angeführt zu sehen, so allgemein bekannt ist es ferner, dafs es dem Plazze an keinem Mittel zur Vertheidigung gefehlt habe, welches der Kurpfälzische Hof mehrmals versichert, und der Gouverneur der Festung in dem an den feindlichen General, wegen ihrer Uebergebung am 19 des verwichenen, erlaſſenen Schreiben mit vollester Zuverſicht behauptet hatte. Es iſt nicht minder unbeſtrittene Thatſache, daſs bey dem erſten Anſcheine von Gefahr, ohne dazu auf irgend eine Weiſe aufgefordert zu ſeyn, ein anſehnliches Hülfskorps Kaiſerl. Königl. Truppen der Feſtung zu Hülfe geeilet, und davon früh genug dem Gouvernement die Nachricht gegeben worden ſey. Und das gleich darauf erfolgte glükliche Unternehmen beſtätiget ſattſam, daſs dieſer beträchtliche Sukkurs noch zur rechten Zeit angekommen ſeyn würde, und das vorgewendete Unglük abzuwenden im Stande geweſen wäre, ſtatt deſſen Annahme aber die Kapitulation mit einer ſeltenen Eilfertigkeit beſchloſſen worden. Bey dieſem für die gemeinſame Sache des Vaterlandes höchſt empfindlichen Verluſte beruhiget ſich der allerhöchſte Hof vor Gott und der ganzen Welt mit der redlichen Ueberzeugung, daſs die Ueberlaſſung der Feſtung Mannheim an den Feind, der einen ſo wichtigen Plaz ohne einen Tropfen Bluts, und ohne ein Korn Pulver erobert zu haben, ſich ſelbſt wundert und öffentlich rühmet, nicht einer unglüklichen Kriegsereigniſs, ſondern jenen einſeitigen Maasnehmungen beyzumeſſen ſey, durch welche die Reichs-kriegsoperationen offenbar gehemmet, und wodurch das einzige Ziel derſelben, nemlich die Erwirkung eines billigen, anſtändigen und allgemeinen Reichsfriedens mehr entfernt, wenigſtens gewiſs nicht befördert worden iſt.

## Bemerkungen über vorstehende Gegenerklärung.

Diese Gegenerklärung erschöpft den Gegenstand der Uebergabe von Mannheim nicht. Sie schränkt sich ein auf eine vorläufige Gegenäusserung, zu Beantwortung der in der Kurpfälzischen Erklärung enthaltenen Entschuldigung der Uebergabe von Mannheim. Daſs diese Gegenerklärung nicht alles enthält, was über die Uebergabe Mannheims an den Reichsfeind zu sagen ist, geschiehet, wie der Herr Gesandte sagt, auf allerhöchsten Befehl Sr. Majestät des Königs und Kurfürsten von Böhmen, und beweiset die grosse Mäſsigung und Grosmuth des Reichsoberhauptes, welches in dieser oberhauptlichen Qualitet den Vorfall der Uebergabe von Mannheim noch ganz mit oberhauptlichem Stillschweigen übergeht, und und lieber durch eine von ihm, als Könige und Kurfürsten von Böhmen abgegebene Gegenerklärung, die Reichsversammlung von dem Ungrunde der Kurpfälzischen Information belehren, als dasjenige ausdrükken will, was der gerechte Unwille eines Kaifers und allerhöchften Befehlshabers des Reichskrieges über diefen Vorfall zu fagen hätte.

Wir wiederholen hier, was wir fchon oben bemerkt haben, diefe ganze Sache gehört nicht an den Reichstag, fie gehört an ein von des Herrn General Feldmarfchalls Grafen von Clerfait Exzellenz zu ernennendes Kriegsrecht. Der König und Kurfürft von Böhmen hatte in diefer Angelegenheit gar keine Verbindlichkeit zu reden. Die Erklärung des Gefandten diefes Reichsftandes ift alfo eine bloße Information, die freywillig mitgetheilt wird, und weiter keine Konfequenz haben darf.

Se. Majeftet der Kaifer find der alleinige höchfte Richter diefes Vorfalls. Denn ihnen allein kompetirt die ausfchliesliche alleinige Leitung eines Reichskrieges. Seine Majeftet find unbedenklich befugt, während eines Krieges jeden Teutfchen, der gegen das Reich handelt, nach Kriegsgefezzen richten zu laffen. Und wir behaupten mit fefter Ueberzeugung, dafs Se. Majeftät der Kaifer, während eines Reichskrieges, unbedenklich befugt ift, felbft den mächtigften Reichsfürften, der zum Reichsfeinde übergehet, oder mit ihm Einverftändniffe unterhält, durch ein Kriegsrecht ohne Kommunikation mit dem Reichstage zu richten. Wir werden diesen erheblichen Saz des eheften in einer befondern Abhandlung beweifen, und um dabey völlig offen und patriotifch zu Werke zu gehen, werden wir auf dem Titelblatte unferer künftigen Abhandlung, fo wie es auf dem der gegenwärtigen gefchehen ift, verdiente, durch Schriften bekannte Staatsrechtslehrer öffentlich auffordern, unfere Säzze zu prüfen.

Aus diefen Gründen halten wir uns bey der inkompetenten Kurböhmifchen Gegenerklärung nur als bey einer hiftorifchen Gegeninformation auf, und führen daraus folgende darinn behauptete Thatfachen als erheblich an:

1. Es hat nicht in der Feftung Mannheim an Gefchüz zur Vertheidigung gefehlt, denn Gefchüz von der Kaiferlichen und Reichsarmee, das fchon auf dem Glacis vor der Feftung angekommen war, hat der Mannheimifche Kommandant als entbehrlich zurükgefchikt. Der Gouverneur hat erklärt, dafs er hinreichend mit Gefchüz und Munition zur Vertheidigung verfehen fey.

2. Es hat an keinem andern Vertheidigungsmittel gefehlt. Dies hat der Kurpfälzische Hof mehrmalen versichert, dies hat der Gouverneur der Festung in seinem Schreiben vom 19. Sept. an den feindlichen General zuversichtlich behauptet.

3. Man hat den Reichsoberfeldherrn wegen der Vertheidigung Mannheims hintergangen. Man hat ihn inducirt. Man hat sich gerühmt, daſs der Reichsfeind nichts gegen Mannheim unternehmen würde, wenn die Kaiserlichen Truppen sich herauszögen.

4. Man hat vorsezlich Mannheim dem Reichsfeinde in die Hände gespielt. Denn als der Mannheimische Gouverneur die Nachricht erhielt, daſs derjenige Sukkurs, der drey Tage nach der Uebergabe die Franzosen zwischen Heidelberg und Mannheim schlug, in der Nähe sey, beschleunigte er die Kapitulation, um diesem Sukkurse zuvor zukommen.

---

# Auszug aus dem officiellen Tagebuche der Operationen der Armee unter den Befehlen des Herrn Grafen von Clerfait.

(Dieses Tagebuch findet sich im Journal de Francfort, und in fast allen teutschen Zeitungen.)

Ihre Fragen und Gedanken über den Rükzug des Feldmarschalls Grafen von Clerfait, habe ich nicht früher beantworten können, weil ich in meiner Antwort das Geheimnis hätte verrathen müssen, das allein die Maasregeln erklären konnte, die allen denen zweydeutig vorkamen, welche von ferne und nach dem Scheine urtheilen. Dafs die Zukunft den Feldmarschall rechtfertigen würde, sah ich vorher, aber erst heute, da sein Benemen kein Geheimnis mehr ist, kann ich es berichten, und jezt wird durch die Beweggründe die ihn geleitet haben, der Glanz seiner Standhaftigkeit im Unglük und seiner Weisheit in glüklichen Erfolgen nur noch mehr erhöhet. Die blosse Erzehlung der Begebenheiten wird alle weitere Antwort seyn.

Es ist bekannt, daſs Jourdan ohne auf den basler Traktat, und das zwischen dem Könige von Preussen und den Franzosen verabredete Demarkationsſyſtem Rükſicht zu nehmen, und ohnerachtet ſo vieler uns gegebenen Verſicherungen des Gegentheils, dennoch ſeine Armee auf einem von den Franzoſen ſelbſt für neutral erklärten Gebiete, über den Rhein führte.

Die Armee des Feldmarſchalls muſte mit der Oberrheiniſchen in Verbindung bleiben, um ihre Unternehmungen unterſtüzzen zu können. Sie hatte die Linie von Cappel bis Angebach zu vertheidigen. Alle dieſe Zwekke wurden durch den Uebergang der Franzoſen unterhalb der Armee, und innerhalb der Demarkationslinie unſicher gemacht, beſonders konnte der rechte Flügel der Armee des Marſchalls, welcher an die Demarkationslinie ſties, an nichts gelehnt werden, und ſah ſich daher ſogleich zurükzuweichen genöthigt. Mit vielen Schwierigkeiten zog der Feldmarſchall die einzelnen Abtheilungen ſeiner Truppen zuſammen, verſammelte ſo hinter der Lahn, eine kleine unzureichende Armee von dreisſig tauſend Mann, worunter zwanzig tauſend Oeſterreicher waren. Dies kleine Heer ward durch die Diverſion, womit der Feind durch ſeinen Marſch auf Weilburg und Wezlar den obern Mayn bedrohete, umgangen. Alſo nur in der Ebene von Frankfurt lies ſich eine Schlacht geben, oder annehmen, und da war es, wo der Feldmarſchall die Franzöſiſche Armee ohnerachtet ihrer ſehr groſſen Ueberlegenheit erwarten wollte.

Die unerwartete Uebergabe Mannheims, und die Gefahr die daraus für Heidelberg erwuchs, vereitelten nochmals ſeine Plane, und die Gefahr ward um ſo gröſſer, da Pichegrü Schwaben, und Jourdan Aſchaffenburg bedrohten.

Heidelberg, die groſſe Niederlage unſerer Armeen war von ſchwachen Truppenabtheilungen bedekt, weil wir auf den Schuz gerechnet hatten, den ihm Mannheim gab; hätten wir dieſe Magazine verlohren, ſo wären alle unſere Unternehmungen durch gänzlichen Mangel aller Mittel gelähmet worden, unſere Armeen hätten ſich zurükziehen, und Maynz und Ehrenbreitſtein ihrer eigenen Vertheidigung überlaffen müffen. Die Päffe von Heidelberg, Wiesloch und Weinheim öfneten dem Pichegrü den Weg zu unferer groffen Artillerie, überhaupt erwekte die Beforgnis des Verluftes von Heidelberg die größte Unruhe für den ganzen Feldzug. Es war daher äufferft dringend, dafs der Feldmarfchall dem General Quosdanvich, der am Nekker kommandirte, zu Hülfe eilte, und Heidelberg rettete. So ward der Feldmarfchall bewogen, über den Mayn zurükzugehen, und nur ein Korps bey Afchaffenburg zurükzulaffen, das die Bewegungen der Jourdanfchen Armee zu beobachten hatte.

Von Darmftadt marfchirte der Feldmarfchall fogleich nach Weinheim, um die beabfichtete Unternehmungen dadurch vorzubereiten, dafs er den Plaz rettete, auf den alles ankam, wobey er fich vorgenommen hatte, wenn es feyn müffe, dem Pichegrü an beyden Ufern des Nekkers eine Schlacht zu liefern. Wenn das glüklich vollbracht war, wollte er wieder über den Mayn vorrükken. Der Sieg des Generals Quosdanovich kam dem Feldmarschall zuvor, und gab ihm Zeit und Mittel beträchtliche Abtheilungen, wodurch er den Poften von Heidelberg verftärkt hatte, an fich zuziehen. Nächftdem gieng der Feldmarfchall feinem erften Plane zufolge wieder über den Mayn, um den Jourdan eine Schlacht zu liefern. Hätte diefer den fchnellen Rükzug, wozu ihn unfere Manövers unwiderftehlich zwangen, nur zwey Tage aufgefchoben, fo ward feine ganze Armee aufgerieben.

Diefer dem Feinde abgedrungene Rükzug ift um fo wichtiger, da Maynz und Ehrenbreitftein, dadurch entfezt wurden, und Teutfchland dadurch von den fchreklichen Vorfäzzen gerettet ward, welche die Franzofen vom 14 October ab ausführen wollten. Von diefem Tage ab erklärten die Französischen Armeen das Demarkations und Neutralitetsfyftem für nichtig, kündigten an dafs fie überall, wo fie es gut finden möchten, Gewalt üben würden, und bedroheten fo das teutfche Reich mit unabfehbaren Plagen und allem erdenklichen Elende.

So fällt die Wichtigkeit unferer Manöver und die Pünktlichkeit, womit fie berechnet waren, von felbft in die Augen. Man darf nur unsere Märsche mit dem Rükzuge des Feindes vergleichen, um sich von der Genauigkeit unserer Maasregeln zu überzeugen. Der Feldmarschall Graf Clerfait sezt seinen Ruhm darin, so wichtige Siege ohne beträchtliche Menschenopfer errungen zu haben. Die glänzenden Erfolge seiner Unternehmungen, und die durch sie bewirkte Rettung Teutschlands von seinem völligen Untergange, sind die schönste Rechtfertigung dieses Feldherrn.

# Rechtliches Gutachten die Uebergabe von Mannheim betreffend.

Das ämtliche Tagebuch der Armee unter den Befehlen des Herrn Grafen von Clerfait Exzellenz beweiset,

1. Dafs die Uebergabe Mannheims ohne Vorwiſſen und Erlaubnis Sr. Exzellenz geſchehen iſt.
2. Dafs ſie von den nachtheiligſten Folgen für den ganzen Operationsplan war; dafs ſie Se. Exzellenz ohne die Tapferkeit der Truppen unter dem General Quosdanovich in die gröſte Verlegenheit geſezt haben würde, und dafs alsdann ganz Teutſchland die Folgen dieſer Uebergabe hätte fühlen müſſen.

Se. Exzellenz der Herr Graf von Clerfait, das iſt unſer rechtliches Gutachten, ſind es ihren Pflichten als Reichsoberfeldherr, ſind es ihrer Ehre, ſind es um der gefährlichen Folgen eines ſolchen Beyſpiels halben, ſind es der Erhaltung des ganzen teutſchen Reichs ſchuldig: über diejenigen Perſonen, welche Mannheim dem Reichsfeinde übergeben, und die Kapitulation deshalb unterzeichnet haben, kraft habender feldherrlicher Macht, und ohne alle Kommunikation mit dem Reiche, Kriegsrecht halten, dazu jene Perfonen nemlich, den Minifter Herrn Grafen von Oberndorf, den Gouverneur Herrn Baron von Belderbufch, und den Kommanten Herrn Duroi nach Kriegsgebrauch vorladen, und wenn fie nicht erfcheinen, über fie in Contumaciam fprechen, und das Erkenntnis und deffen Vollziehung, fo öffentlich, als es die Kapitulation von Mannheim ift, machen zu laffen.